INHALT

Vorwort	3
Der Autoresponder	6
Dein Geld-Trichter - Das eMail-Funnel-System	12
Schritt 1: Die Landing Page	17
Schritt 2: Die Autoresponder-Sequenz	23
Schritt 3: Die Affiliate-Angebote	28
Schritt 4: Traffic	34
Schritt 5: Optimierung	39
Abschliessende Worte	44
Rechtliche Hinweise	50
Impressum	52

eMail Marketing - Edition für Anfänger:

eMail Funnel aufbauen, Regeln für Verkaufsemails beherrschen und Affiliate Angebote per Autoresponder verkaufen! Schreib perfekte eMails!

Autor - Phil Schartner

Vorwort

Liebe Leserin, lieber Leser!

"Das Geld ist in der Liste" - Wer sich schon mal mit Affiliate Marketing auseinander gesetzt hat, der hat diesen Satz mit ziemlicher Sicherheit schon oft gehört. Zu guter Recht! Denn E-Mail Marketing ist und bleibt die beste Methode einfach und zuverlässig online Geld zu verdienen.

Was denkst Du, wo wird im ganzen Internet am meisten Geld verdient? In den unzähligen Online Shops? Durch Werbung auf Google, Facebook & Co? Weit gefehlt. E-Mail Marketing ist für den Grossteil des online Umsatzes verantwortlich.

Daher auch der berühmte Satz, dass das Geld in der Liste steckt. Natürlich ist das ganze sehr vereinfacht. Es reicht nicht, bloss irgend eine E-Mail Liste zu haben und schon wird man damit reich. Aber es ist unbestreitbar, dass E-Mail Marketing die beste Möglichkeit ist, seine Produkte oder Dienstleistungen online zu verkaufen.

Während man mit Werbeanzeigen zwar ein grösseres Publikum erreichen kann, so hat man in einer E-Mail die volle Aufmerksamkeit des Lesers, ohne Ablenkung durch süsse Katzen oder einem Strandbild der Nachbarin.

Eines ist also klar: Wenn auch Du mit Affiliate Marketing Erfolg haben willst, brauchst Du deine eigene E-Mail Liste. Denn wenn Du Dir diese erst einmal aufgebaut hast, brauchst Du nicht ständig nach neuen Interessenten zu suchen, sondern kannst Deinen bestehenden Kontakten ganz einfach eine kure E-Mail schicken und dabei ohne viel Aufwand Geld verdienen.

Dass man diese E-Mails heutzutage auch vom Strand aus mit dem Smartphone versenden kann, brauche ich auch nicht zu erwähnen, oder?

Doch bevor Du deine Reise in die Malediven buchst solltest Du dir erstmal dieses Buch durchlesen.

Hier erfährst Du nämlich alles, was Du wissen muss, um Dir Deine eigene Liste aufzubauen und wie Du damit Geld verdienen kannst, ohne viel dafür zu erledigen. Denn egal was Dir andere Online Marketer erzählen wollen, der Weg dorthin ist nicht ganz so einfach und etwas Arbeit ist auch erforderlich. Sobald dein System jedoch erstmal läuft, kannst Du Dich entspannt zurücklehnen, Dir einen Drink bestellen und zusehen, wie das Geld in Dein Bankkonto fliesst.

Genug geschwärmt. Es wird Zeit das alles zu verwirklichen. Packen wir's also an!

Dein *Phil Schartner ;-)*

Der Autoresponder

Damit Du auch richtiges E-Mail Marketing betreiben kannst, brauchst Du erstmal einen sogenannten Autoresponder. Ein Autoresponder ist ein System mit dem Du Deine E-Mail-Adressen sammeln und Deine E-Mails versenden kannst. Und das beste dabei: einmal eingerichtet läuft das ganze wie von selbst und Du musst Dich nicht selbst darum kümmern.

Ohne einen Autoresponder ist es praktisch unmöglich. Zwar könntest Du rein theoretisch alles auch von Hand machen, aber dazu würdest Du so viel Zeit verschwenden, dass sich das ganze nie und nimmer lohnen würde. Ausserdem sind die Kosten für so einen Autoresponder auch nicht sehr hoch.

Zwar gibt es auch kostenlose Anbieter und Angebote, doch rate ich Dir von diesen ab! Alle kostenlosen Anbieter die ich kenne, verbieten es Dir Affiliate Angebote zu versenden. Wer sich nicht daran hält riskiert, dass sein

Account geschlossen wird. Dann ist Deine E-Mail Liste auch futsch und die ganze harte Arbeit war umsonst. Also fang am Besten gleich richtig an und such Dir einen passenden Autoresponder Dienst.

Wenn Du Dich übrigens für meinen Newsletter anmeldest verrate ich Dir auch meinen bevorzugten Autoresponder Dienst, welchen ich selbst benutze und mit dem ich sehr zufrieden bin. Den Link dazu findest Du am Ende des Buches.

Übrigens: Die meisten Anbieter bieten eine 30 Tage Testversion an, in der man das System kostenlos testen kann. Du hast also 30 Tage lang Zeit Deine ersten Affiliate Verkäufe zu machen um Deinen Autoresponder selbst zu finanzieren! Das ist durchaus möglich, wenn Du genügend Zeit und Arbeit in das Projekt investierst.

Doch was macht dieser Autoresponder nun alles für Dich?

Zu allererst verwaltet er Deine E-Mail-Adres-

sen. Wenn sich jemand über das Anmeldeformular (sprich: die Squeeze- oder Landing-Page) anmeldet, fügt er diesen neuen Kontakt Deiner Liste hinzu. Und wenn sich jemand wieder abmelden will, so entfernt er den Kontakt wieder von der Liste. Die Statistiken über diesen Empfänger bleiben jedoch weiterhin im System enthalten.
Natürlich kannst Du mit Deinem Autoresponder beliebig viele Listen erstellen und individuell verwalten.

Das ist jedoch noch lange nicht alles. Denn Dein Autoresponder versendet auch Nachrichten. Hierbei gibt es zwei verschiedene Varianten. Entweder Du schreibst eine E-Mail und versendest diese an alle Kontakte (so wie bei einer ganz normalen E-Mail Nachricht), oder Du baust Dir eine Autoresponder Sequenz auf.
Der Vorteil dieser Methode ist, dass jeder Abonnent eine Reihe von E-Mails bekommt, egal zu welcher Zeit er sich für Deinen Newsletter anmeldet.

Hier ein Beispiel:
Nehmen wir an, Du schickst heute eine Nachricht an Deine Abonnenten raus und wirbst für ein tolles Produkt. Deine Abonnenten sind absolut begeistert davon und Du verkaufst jede Menge Produkte. Super! Doch nach einem Monat hast Du weitere 500 Abonnenten, die dieses tolle Produkt noch nie gesehen haben. Du weisst, eine Menge der Leute würden das Produkt sofort kaufen, aber Du weisst auch, dass Deine alten Abonnenten was neues wollen. Wenn Du also dasselbe Produkt erneut bewirbst, läufst Du Gefahr, dass sich einige Deiner alten Abonnenten abmelden werden.

Ein zweites Beispiel:
Du möchtest Deine Abonnenten Schritt für Schritt zu einem gewissen Ziel führen. Wenn Du nun die Nachrichten normal sendest, können Dir nur die Leute folgen, die von Anfang an dabei waren. Alle anderen, die mittendrin hinzukommen verstehen nur Bahnhof.

Natürlich könntest Du immer neue Listen erstellen und zum Beispiel immer bei Monatsanfang einen neuen Kurs beginnen. Doch sind wir mal ehrlich, heutzutage wird wohl kaum mehr jemand darauf warten bis der Kurs beginnt, sondern wird sich einfach einen anderen Kurs suchen.

Die Lösung dazu ist die Autoresponder Sequenz. Denn hier kannst Du eine Reihe von Nachrichten schreiben, die jedem Abonnenten individuell zugeschickt werden.

Beispiel: Peter meldet sich heute an. Er erhält auch gleich E-Mail #1. Am 2. Tag erhält er E-Mail #2. Am 3. Tag meldet sich Martin an. Nun erhält Martin E-Mail #1 und Peter E-Mail #3. Am 4. Tag melden sich noch Eva und Dennis an. Sie erhalten E-Mail #1, Martin E-Mail #2 und Peter E-Mail #4. Und so weiter und so fort.

Natürlich kannst Du auch sagen, dass Du nur alle 3 oder 7 Tage eine Nachricht schicken möchtest, oder dass die Nachrichten jeweils nur montags und donnerstags verschickt werden sollen.

Seit neustem bieten die Meisten Autoresponder-Dienste auch noch komplexere Systeme an. So kann man zum Beispiel angeben, dass eine Reihe von E-Mail Nachrichten nur an die Leute geschickt wird, die auf einen gewissen Link in einer Nachricht geklickt haben oder an all diejenigen, die die vorherige Nachricht nicht geöffnet haben.

Wie Du siehst, ist der Autoresponder Dein bester Freund und kann eine ganze Menge toller Sachen.

So kannst Du zum Beispiel auch Dein gesamtes E-Mail Marketing voll automatisieren, indem Du einfach einen Haufen Nachrichten im Voraus schreibst und diese dann jedem Abonnenten individuell verschicken lässt.

Natürlich nützt es Dir nichts, wenn Du 1'000 Nachrichten geschrieben hast, wenn sich Deine Abonnenten nur die ersten 10 Nachrichten anschauen bevor die Nachrichten ungelesen im Posteingang bleiben oder sie sich wieder abmelden. Es ist also sinnvoll nur soviel Nachrichten zu schreiben, wie nötig.

Dein Geld-Trichter - Das eMail-Funnel-System

Jetzt, wo Du weisst wie ein Autoresponder ungefähr funktioniert, möchte ich Dir noch kurz das E-Mail Marketing Prinzip erklären, bevor wir uns an die Arbeit machen und das ganze System aufbauen.

Stell Dir einen ganz normalen Trichter vor. Die obere Öffnung ist breit, damit möglichst viel rein passt. Der Trichter wird aber gegen unten hin immer schmaler und schmaler, so dass das, was man oben einfüllt unten konzentriert herauskommt.
Wenn Du zum Beispiel eine Flüssigkeit von einem Glas in eine Flasche umfüllen willst ist das ohne Trichter sehr schwer. Wenn Du aber einen Trichter verwendest ist es super einfach und Du schaffst es, ohne dabei etwas zu verschütten.

Um möglichst viele Affiliate Kommissionen einzusammeln musst Du möglichst viele Leute oben in den "Trichter" schmeissen. Während des gesamten Prozesses fallen immer mehr Leute weg. Bis zum Ende bleiben nur noch wenige Leute übrig die sich das Produkt auch tatsächlich gekauft haben.

Schauen wir uns das ganze mal genauer an: Zuoberst ist die Landing Page, auch Squeeze Page genannt. Dies ist der oberste Teil des Trichters und unsere Aufgabe ist es, möglichst viele Leute dort hinzubekommen.

Natürlich müssen wir darauf achten, dass wir auch die richtigen Leute für das richtige Angebot suchen. Nur so können wir sicherstellen, dass möglichst viele der Besucher sich auch für unseren Newsletter anmelden. Wir können auch noch zusätzliche Anreize geben, wie zum Beispiel ein kostenloses E-Book, oder eine Videoreihe oder ähnliches. Ziel ist es, dass sich möglichst viele Leute auch für den Newsletter anmelden.

Die Leute, die sich daraufhin angemeldet haben, kommen auf unsere E-Mail Liste. Nun können wir ihnen mehrere Nachrichten senden, in denen wir Affiliate Angebote bewerben.

Natürlich sollten wir auch darauf achten, das ganze nicht zu übertreiben, ansonsten laufen wir Gefahr, dass sich zu viele Leute wieder abmelden und unsere Nachrichten als Spam markieren.

Das wollen wir natürlich NICHT. Die Leute sollen möglichst lange auf unserer Liste bleiben, damit wir ihnen möglichst viele Angebote senden können.

Von den vielen Leuten auf unserer E-Mail Liste wird sich nur ein Teil davon das Angebot genauer ansehen und auf den Link klicken. Natürlich wollen wir, dass auch hier wieder möglichst viele auf den Link klicken. Also müssen wir schauen, dass das Angebot richtig gut ist, und dass wir das ganze möglichst so präsentieren, dass die Leute nicht anders können als auf den Link zu klicken und sich das Produkt genauer anzusehen.

Wichtig ist hierbei: Wir wollen das Produkt nicht verkaufen, sondern nur sicherstellen, dass die Leute auf den Link klicken. Das Verkaufen erfolgt auf der verlinkten Seite.

Auf dieser Seite wird das Produkt nun vom Verkäufer präsentiert. Diese Seiten sind voll auf den Verkauf optimiert und von Werbetextern geschrieben worden.
Das Ziel dieser Seite ist es, dass möglichst viele Leute das Produkt auch erwerben. In der Regel haben wir auf diese Seite keinen Einfluss mehr (es sei denn, wir erstellen unsere eigene Verkaufsseite, was aber nur in den seltensten Fällen so sein wird - ausser wir bewerben natürlich unser eigenes Produkt).
Auch hier werden einige Leute wieder "abspringen" und nicht kaufen.

Von all den Leuten, die unsere Landing Page gesehen haben werden sich nur die wenigsten auch für das Produkt entscheiden. Dies ist die unterste Spitze des Trichters. Man kann das ganze natürlich auch wie eine umgekehrte Pyramide ansehen, aber mir gefällt die Trichter-Variante besser.
Unser Ziel ist es natürlich, dass möglichst viele Leute dieses - und viele weitere Affiliate Angebote - annehmen, also dass möglichst viele Leute unten im Trichter ankommen.

Dabei haben wir zwei Möglichkeiten unseren Trichter zu verbessern. Zum einen können wir natürlich einfach oben mehr Leute einfüllen, so kommen automatisch auch unten mehr Leute heraus. Das ist aber nicht immer der Fall!

Denn andererseits sollten wir auch darauf achten, die ganzen Löcher im Trichter zu stopfen, so dass immer weniger Leute abspringen. Schliesslich bringt es uns nichts, wenn wir für Besucher auf unserer Landing Page bezahlen, ohne dass dabei am Ende ein Gewinn für uns herausschaut.

Also musst Du auch darauf achten Deinen eigenen Trichter möglichst gut abzudichten. Wie das geht, erfährst Du im Schritt 5: Optimierung.

Zuerst musst Du jedoch erst einmal Dein eigenes E-Mail Marketing System aufbauen - Du musst quasi erstmal einen Trichter basteln, bevor Du diesen verbessern kannst. Denn auch ein schlechter Trichter ist besser als gar keiner.

Schritt 1: Die Landing Page

Als Erstes brauchst Du eine Landing Page. Das ist eine einfache Webseite, die nur ein Ziel hat: Dass sich der Besucher für Deinen Newsletter anmeldet. Keine Sorge, so eine Landing Page kann heutzutage wirklich jeder einfach und problemlos selbst erstellen.

Viele Autoresponder bieten sogar die Möglichkeit eine solche Landing Page direkt über ihr System zu erstellen. Alternativ gibt es auch Anbieter, die sich darauf spezialisiert haben. Man braucht also nicht zwingend eine eigene Webseite, um solch eine Landing Page zu erstellen. Denn wie gesagt, der Besucher soll sich nicht lange auf dieser Seite aufhalten, sondern soll nur 2 Optionen haben: Entweder er meldet sich für den Newsletter an oder er verlässt die Seite wieder, ohne sich einzutragen.

Dies mag vielleicht auf den ersten Blick etwas seltsam aussehen. Denn wenn wir mehr Inhalte hätten, dann könnte er erst etwas herumstöbern um zu sehen, ob ihm die Inhalte gefallen und sich erst dann anmelden. Richtig?

Leider falsch. Hier tritt das Auswahl-paradox zu. Dieses besagt, dass je mehr Auswahl eine Person hat, umso höher ist die Chance, dass er sich für gar nichts entscheidet.

Wir wollen auch nur die Leute auf unserer Liste, die sich dafür entscheiden. Jemand, der sich nicht entscheiden kann, ob er uns nun seine E-Mail-Adresse gibt oder nicht, wird sich auch nicht entscheiden können, ob er sich nun das angepriesene Produkt kaufen wird oder nicht.

Doch wie soll nun so eine Landing Page genau aussehen?
Am Besten suchst Du einfach mal im Internet nach "Landing Page + NISCHE" (zum Beispiel: Landing Page Heimwerken, Landing Page Stricken, Landing Page Bierbrauen) oder einfach "Landing Page Beispiele". Somit findest Du viele Ideen und Anregungen für Deine eigene Landing Page. Du kannst auch noch nach Squeeze Page + NISCHE suchen

um weitere Beispiele zu entdecken.

Wie die Seite schlussendlich aussehen soll hängt natürlich von einigen Faktoren ab.

Einerseits hängt es damit zusammen, in welcher Nische Du tätig bist und vor allem auch was für ein Zielpublikum Du ansprechen möchtest. Wenn Du eher ältere oder technisch weniger erfahrene Besucher ansprechen möchtest, so werden Dein Text und Dein Design anders aussehen, als wenn Du technikaffine Millenials damit ansprechen möchtest.

Allerdings hat sich im grossen und ganzen eigentlich immer wieder eine Devise bestätigt: Weniger ist mehr. So ist die Konversionsrate (die prozentuale Anzahl der Besucher, die sich anmelden) fast immer höher, wenn die Seite ganz einfach gehalten wird.

Man könnte auch sagen: Hässlich läuft besser.
Das liegt daran, dass viele Leute eher argwöhnisch auf gutes Design reagieren. Dagegen kommt es besser an, wenn die Seite eben

nicht professionell gestaltet, sondern einfach zusammengestellt wurde. Das verleiht dem Angebot eine gewisse persönliche Note.

Weiterhin gibt es noch die grosse Debatte zwischen viel und wenig Text. Während die einen auf kaum Text schwören, so setzen andere auf ausführlichen Text. Was nun am Ende besser ist kann man so allgemein nicht sagen und hängt auch oft mit der Herkunft der Besucher zusammen. Wenn Du Deine Besucher beispielsweise über Facebook Werbung erhältst, so ist in der Regel (etwas) mehr Text nötig, als wenn die Besucher von einem 10 minütigen Tutorial-Video auf YouTube kommen.

Schlussendlich geht es eigentlich immer darum, dass der Besucher sich gut fühlt, Dir seine E-Mail-Adresse zu geben. Dies erreichst Du dadurch, dass Du vertrauenswürdig erscheinst.

Übrigens:
Was auch sehr gut funktioniert sind Videos. Vor allem, wenn eine Person in dem Video zu

sehen ist. Dies verleiht der Landing Page sofort einen persönlichen und vertrauenswürdigen Touch.

Was nun für Dich und Deine Landing Page am besten funktioniert musst Du schlussendlich selbst herausfinden. Es empfiehlt sich auch verschiedene Tests durchzuführen, um zu sehen was besser funktioniert und so die eigene Landing Page stetig zu Verbessern und seine Konversionsrate zu steigern.

Was jedoch immer besonders gut ankommt ist ein Freebie.
Das kann ein Video oder ein E-Book sein oder sogar eine kostenlose Beratung oder ein physisches Produkt. Das ganze muss nicht zwingend etwas grossartiges sein. Du musst also kein Bestseller schreiben, nur um Deine Liste zu vergrössern. Schon nur ein kurzer Report oder eine Checkliste kann sehr gut funktionieren. Dieses Freebie soll einfach nur ein Grund sein, weshalb die Besucher Dir ihre E-Mail-Adresse geben sollten.

Wenn Dein Freebie gut ist, macht es auch Fehler in deiner Landing Page wieder wett. Anders herum ist es eher schwieriger.

Es sei denn, der Besucher ist sowieso schon interessiert Deiner Liste beizutreten, ob er nun was umsonst bekommt oder nicht (das funktioniert natürlich nur dann, wenn Du dieser Person bereits etwas an Wert gegeben hast, wie beispielsweise ein hilfreiches Video oder E-Book.)

Schritt 2: Die Autoresponder-Sequenz

Sobald Du Deine Landing Page erstellt hast, wird es Zeit, Deine Autoresponder Sequenz zu planen und aufzubauen.
Diese Sequenz kann so kurz oder lang sein wie Du möchtest. Ich schlage Dir jedoch vor, dass Du nicht hunderte E-Mails schreibst, bevor Du Deine ersten Abonnenten hast. Schlussendlich kann es immer sein, dass Dein Plan nicht so funktioniert, wie Du Dir das vorgestellt hast.

Daher ist es immer besser, wenn Du nur 5-10 E-Mails schreibst und vorbereitest. Du kannst die weiteren Nachrichten dann immer noch später schreiben. Du wirst danach auch eine bessere Ahnung haben, was gut funktioniert hat und was nicht.

Wie Du diese E-Mails nun schreiben sollst, könnte ein ganzes Buch füllen und selbst dann wüsstest Du immer noch nicht alles darüber. Daher schlage ich Dir eine meiner eige-

nen Methoden vor: Spionage!
Keine Sorge, das ganze ist völlig legal und wird auch von Deinen Konkurrenten genauso gemacht.

Alles was Du dabei tun musst ist andere Affiliate Marketer finden, die in deiner Nische tätig sind und Dich für deren E-Mail Listen anmelden. So findest Du verschiedene Varianten und Ideen für Deinen eigenen Newsletter. Natürlich solltest Du absolut NIE einen anderen Marketer 1:1 kopieren! Jedoch wird es Dir helfen ein gewisses Gefühl dafür zu bekommen, wie solche E-Mail in Deiner spezifischen Nische aufgebaut sind. Dies soll Dir nur als Inspiration dienen.

Wenn Du genügend Marketer findest, kannst Du Dir von jedem das abgucken, was Dir am meisten gefallen hat, das ganze zusammen mischen und Deinen eigenen Flair hinzufügen und schon hast Du eigenen Nachrichten, die in Deinem Stil geschrieben wurden.

Solltest Du keine oder nur wenige Marketer in Deiner Nische finden, so kannst Du auch andere, möglichst ähnliche Nischen durchsuchen. Aber in den meisten Fällen wirst Du relativ bald fündig werden.

Dabei ist es wichtig, dass Du informative E-Mails und Promotionen abwechselst. Während Dir informative oder unterhaltsame (im Sinne von relevantem Storytelling) E-Mails natürlich kein Geld einbringen werden, so sind sie dennoch sehr wichtig. Schlussendlich willst Du Deinen Abonnenten nicht das Gefühl geben, dass Du ihnen nur Werbung schickst. Zudem helfen Dir diese Nachrichten, um vertrauen mit Deinen Abonnenten aufzubauen, was sehr wichtig ist.

Eine genaue Regel, wie viele informative- und wie viele Promo-E-Mails Du versenden solltest gibt es nicht. Während die einen darauf schwören nur Promo-E-Mails zu schicken, so sind andere da eher zurückhaltend und schicken nur alle 5 E-Mails eine Promo.

Das ganze hängt natürlich auch wieder mit der Nische zusammen. Idealerweise bindet man die Promotionen nahtlos in die anderen

Nachrichten ein. So stellt man sicher, dass jeder Abonnent etwas von seinen E-Mails hat, auch wenn er dieses eine Produkt nicht kaufen wird. Sehr geübte E-Mail Marketer binden so eine Promotion in eine ganze Reihe von E-Mails mit ein und verwenden dabei bewährte Tricks aus Film und Fernsehen.

Allerdings musst Du Dir auch bewusst sein, dass Du hier versuchst ein Geschäft aufzubauen. Abonnenten, die nur auf Deiner Liste sind um kostenlose Tipps und Infos zu erhalten bringen Dir gar nichts. Es gibt eine Reihe von Leuten die aus Prinzip niemals etwas kaufen werden, auch wenn das Produkt noch so gut ist und genau das ist, was sie brauchen. Solche Leute kosten Dich schlussendlich nur Geld, denn je mehr Leute auf deiner Liste sind, umso höher wird auch Deine Autoresponder Rechnung.

Solche Leute kannst Du leider nur umgehen, indem Du Deinen Newsletter hinter ein bezahltes Produkt stellst. Dies kann Dein eigenes Produkt sein oder ein Affiliate-Angebot. Im Normalfall wird dies aber vor allem am Anfang nicht nötig sein.

Die E-Mails, die Du schreibst entscheiden darüber ob Deine Promotion ein Erfolg oder ein Reinfall werden.
Dabei brauchst Du kein begnadeter Schriftsteller zu sein. Mit etwas Übung kann jeder erfolgreiche E-Mail Promotionen schreiben. Wenn man erstmal den Dreh raus hat ist das alles viel einfacher, als es am Anfang aussieht.

Schritt 3: Die Affiliate-Angebote

Jetzt weisst Du also, dass Du Leute auf Deine Liste bringen solltest und auch, dass Du ihnen über Deinen Autoresponder Nachrichten automatisch schicken kannst. Doch wo findest Du nun diese Affiliate Angebote, die Du bewerben kannst?

Diese Angebote gibt es tatsächlich wie Sand am Meer. Sehr viele Online Dienstleister bieten heutzutage ein Affiliate- oder Partnerprogramm an. Darunter auch sehr grosse und renommierte Firmen. Amazon ist wahrscheinlich der grösste Anbieter, wenn es um physische Produkte geht. Doch auch sehr viele digitale Produkte können beworben werden.

Der Vorteil digitaler Produkte liegt auf der Hand: Da es den Händler dabei gleich viel kostet, ob er nun 10 oder 100 Produkte verkauft, sind hier die Kommissionen in der Regel höher als bei physischen Produkten bei denen die Gewinnmarge meist deutlich geringer ausfällt. Jedoch macht es natürlich nicht für jede Nische und für jedes Zielpublikum auch Sinn nur auf digitale Produkte zu setzen.

Doch wie findest Du nun die richtigen Angebote für Dich und Deine Liste?

Google ist hier Dein Freund. Suche einfach nach Affiliate oder Partnerprogramm und Deiner Nische (also zum Beispiel: Partnerprogramm Stricken, Affiliate Skateboarden) und Du wirst in den meisten Fällen bereits fündig. Du kannst auch nach Affiliate Netzwerken suchen und dort herumstöbern was es so alles gibt. Oft findet man auch dort etwas Passendes, das vielleicht nicht direkt zur jeweiligen Nische gehört, jedoch durchaus sinnvoll und hilfreich für Deine Abonnenten sein könnte.

Nach nur kurzer Zeit solltest Du bereits mehrere Angebote gefunden haben, für die Du werben kannst. Nun stellt sich natürlich immer die Frage für welches der Produkte Du nun werben möchtest und welches Du besser liegen lassen solltest… Hier möchte ich Dir ein paar Denkanstösse geben:

Zuallererst solltest Du Dir überlegen, was Deinen Abonnenten am meisten Nutzen bringt.
Wenn Du die Angebote wählst, die Deinen Abonnenten am meisten helfen können wirst Du langfristig immer besser rauskommen als wenn Du einfach nur schaust, welches Angebot mehr Geld verspricht. Schlussendlich sind es Deine Abonnenten, die Deine Rechnungen und Deinen Urlaub auf den Bahamas zahlen und nicht die Affiliate-Anbieter.

Wenn Du Dich darauf konzentrierst was besser für Deine Abonnenten ist, so wirst Du Dir automatisch einen besseren Ruf erarbeiten und Du wirst viel ernster genommen als wenn Du nur auf den kurzfristigen Profit aus bist.

Dennoch solltest Du folgende Punkte beachten:
- Die Verkaufsseite: Ist diese ansprechend? Würdest Du selbst das Produkt kaufen, wenn Du auf dieser Seite landest?
- Die Provision: Lohnt es sich für Dich dieses oder jenes Produkt zu bewerben? Wieviel springt schlussendlich pro Verkauf für Dich heraus? (Zwar klingen 75% viel besser als 5€, aber wieviel bekommst Du tatsächlich bei der 75% Kommission im Durchschnitt?)
- Die Konversionsrate: Wie hoch ist die Konversionsrate der Verkaufsseite? (Später: Wie hoch ist Deine eigene Konversionsrate?)
- Gibt es zusätzliche Verkäufe, sogenannte Upsells? Erhältst Du auch dort eine Kommission?
- Findest Du Feedback über dieses Produkt online? Oder hast Du es bereits selbst getestet?

Der letzte Punkt ist ebenfalls sehr wichtig! Denn schlussendlich willst Du natürlich, dass jeder Deiner Abonnenten absolut zufrieden mit dem Produkt ist. Denn wenn Dein Abonnent merkt, dass das beworbene Produkt absoluter Müll ist, dann wird er mit grosser Wahrscheinlichkeit nie wieder Deiner Empfehlung glauben schenken.

Wenn das Produkt jedoch hält was es verspricht oder sogar noch besser ist als angekündigt, dann kannst Du sicher sein, dass der Abonnent auch in Zukunft Deinen Empfehlungen folgen wird! Wenn Du das ganze richtig gut machst, dann kann es auch sein, dass sich viele Abonnenten die Produkte nur kaufen, weil DU sie empfohlen hast - auch wenn die Verkaufsseite schlecht ist und den Abonnenten nicht überzeugen kannst.

Wenn Du soweit bist, dann kann Dich eigentlich nichts und niemand mehr aufhalten und Du hast Deine eigene Geldmaschine.

Idealerweise testest Du selbst alle Produkte bevor Du für diese wirbst. Dabei musst Du nicht zwingend jedes Produkt selbst kaufen. Du kannst auch immer den Verkäufer anschreiben und anfragen, ob er Dir das Produkt zum Testen kostenlos zur Verfügung stellt. Dies funktioniert vor allem dann, wenn Du bereits die ersten Erfolge erzielt hast und dem Verkäufer quasi "beweisen" kannst, dass es sich für ihn lohnt Dir eine Testversion zu geben und dass Du nicht nur jemand bist, der kostenlose Produkte haben will.

Daher ist es immer von Vorteil, wenn Du ein paar Statistiken erwähnen kannst (zum Beispiel Anzahl Abonnenten, vorherige Konversionsraten usw.) - natürlich solltest Du das ganze nur dann erwähnen, wenn diese Zahlen auch entsprechend hoch sind. Bei 100 Abonnenten oder einer tiefen Konversionsrate erwähnst Du dies natürlich nicht!

Schritt 4: Traffic

Du hast also Deine Landing Page, einen Autoresponder und Deine erste Sequenz ist bereit, inklusive den ersten Affiliate Angeboten. Nun ist es an der Zeit, dass Du auch Leute auf Deine Landing Page und in Deine Liste bekommst. Was Du brauchst ist Traffic.

Erinnerst Du Dich noch an den Trichter? Traffic ist quasi das, was Du zuoberst in den Trichter wirfst, damit unten Geld rausfliesst. Je mehr Traffic Du also auf Deine Landing Page bekommst, umso mehr Geld wirst Du auch verdienen. Natürlich solltest Du vor allem am Anfang vorsichtig damit sein und nicht gleich hunderte von Euro in Traffic investieren, sondern Dein Trichter erstmal ausprobieren und die grössten Löcher stopfen, damit auch etwas unten ankommt. Mehr dazu aber im nächsten Kapitel.

Woher bekommst Du nun diesen Traffic? Diese Frage stellt sich so ziemlich jeder, der irgendwas im Internet anbietet. Sei dies nun

Videos, ein Produkt oder ein kostenloses Blog. Denn ganz so einfach ist dieser Schritt nicht!

Natürlich kannst Du Dir Traffic einfach kaufen, indem Du auf Google oder in den Social Media Plattformen Werbung schaltest. Doch wer sich dabei nicht auskennt, kann sehr schnell sehr viel Geld verlieren, ohne dass dabei etwas herauskommt.

Aber Du kannst Dir Deinen Traffic auch kostenlos erarbeiten. Ja, erarbeiten. Denn kostenloser Traffic erfordert immer Zeit und Aufwand. Kostenlosen Traffic ohne Arbeit gibt es leider nicht!

Wenn Du also Deinen eigenen Blog hast, so kannst Du die Leute von dort auf Deine Landing Page schicken, indem Du einen Banner oder ein Popup auf Deiner Seite einblendest. Je nachdem wie viele Besucher Du auf deinem Blog hast, bekommst Du dadurch mehr oder weniger Traffic auf Deine Landing Page. Diese Methode ist natürlich Ideal, da Du so Deine Liste quasi kostenlos auffüllst und einen stetigen Besucherstrom erzeugst.

Auch kannst Du Deine Social Media Plattformen dazu nutzen Deine Landing Page zu bewerben. Hierbei solltest Du jedoch darauf achten, dass Du Dich an die jeweiligen AGBs der Plattformen hältst. Bei einigen Plattformen kannst Du von Deinem Profil auf die Landing Page verlinken und so weitere Abonnenten gewinnen.

Es gibt noch weitere kostenlose Methoden um Traffic zu generieren, doch diese beiden sind in der Regel die lukrativsten und vor allem auch die einfachsten für den Anfang. Allerdings solltest Du Dir dabei nicht zu viel erwarten. In der Regel wird sich dabei nur ein kleiner Teil für Deine Liste anmelden. Aber immerhin handelt es sich dabei um Abonnenten, die Du völlig kostenlos erhalten hast!

Die zweite Möglichkeit um an Traffic heranzukommen ist dafür zu bezahlen. Zwar kostet Dich das ganze etwas, aber dafür bekommst Du meistens deutlich mehr Traffic (natürlich auch abhängig davon wie viel Geld Du investierst) und das genau dann, wenn Du es möchtest. Doch wie bereits erwähnt: Sobald Du kein Geld mehr investierst, erhältst Du auch keine Besucher mehr.

Trotzdem ist bezahlter Traffic sehr hilfreich, vor allem dann wenn Dein Trichter auch funktioniert. Denn dann verdienst Du das Geld, welches Du für Deinen Traffic investierst direkt wieder zurück und machst auch noch einen schönen Profit dabei.
Wenn Dein System erstmal soweit ist kannst Du natürlich so viel Geld dabei investieren wie Du willst, denn Du wirst das Geld immer wieder zurückverdienen.

Für den Anfang empfiehlt es sich allerdings mit etwas mehr Vorsicht zu arbeiten und erstmal sein System zu optimieren.

Es gibt natürlich auch weitere bezahlte Traffic Optionen neben Facebook, Google & Co.
Zum Beispiel Solo Ads.
Dabei bezahlst Du jemand, der eine eigene Liste hat dafür, dass er eine E-Mail an seine Abonnenten schickt und für Dich und Deine

Landing Page wirbt. Mit einer guten Landing Page funktioniert das System richtig gut. Allerdings gibt es leider noch sehr wenige Solo Ad Anbieter mit einer deutschsprachigen E-Mail Liste.

Nichts desto trotz kannst Du natürlich auch einfach direkt bei anderen in deiner Nische nachfragen, ob sie ihrer Liste nicht von Deinem Freebie-Angebot schreiben wollen. Ich habe es auch schon erlebt, dass andere so völlig kostenlos für einen werben!

Schritt 5: Optimierung

Sobald Dein System erstmal aufgebaut ist, wirst Du Deine Zeit hauptsächlich damit verbringen Dein System zu optimieren und weiteren Traffic für Deine Landing Page zu suchen. Die Optimierung entscheidet dabei ob und wie viel Du verdienst.

Denn nur ein gut optimiertes System bringt den richtigen Gewinn. Selbst erfahrene Internet Marketer sind ständig damit beschäftigt ihr System weiter zu optimieren.
Doch wie optimierst Du nun Dein System?
Hier ein paar Tipps:

Zu aller erst solltest Du Deine Landing Page verbessern. Es empfiehlt sich, dass Du schon von Anfang an Deine Seite per Split Test vergleichst, indem Du nur eine einzige Kleinigkeit veränderst. Dies kann die Schriftfarbe, die Schriftart oder auch nur ein einziges Wort sein.

Natürlich kannst Du auch grössere Veränderungen auf einmal vornehmen, aber Ziel bei einem Split Test ist es, herauszufinden was funktioniert und was nicht. Dieser Schritt kann stets weitergeführt werden. Solch einen Split Test kann man ganz einfach über Google Analytics erstellen.

Natürlich solltest Du darauf achten, dass Du genügend Besucher auf beiden Seiten hast, bevor Du voreilige Schlüsse ziehst. Je mehr Besucher Du hast, umso sicherer kannst Du sein, dass Deine Beobachtungen stimmen und keine Zufälle sind. Für den Anfang würde ich Dir empfehlen, dass Du mindestens 100 Besucher pro Test nehmen solltest. Natürlich sind 1'000 Besucher aussagekräftiger, aber da es vor allem am Anfang schwierig ist so viele Besucher zu erhalten ohne dabei sehr viel Geld auszugeben reichen 100 am Anfang auch aus. Am Ende Deines Tests wirst Du sehen, dass eine der beiden Seiten besser konvertiert hat als die andere.

Nun nimmst Du diese Seite und änderst hier erneut eine Kleinigkeit und wiederholst den Test. Ziel ist es mit kleinen Schritten Deinen

Erfolg stetig zu verbessern. Am Besten hältst Du Deine Änderungen auch irgendwo fest, damit Du nicht mehrmals dasselbe testest.

Falls Du Werbung auf Social Media oder Google schalten willst (ich empfehle Facebook!), solltest Du auch hier verschiedene Versionen deiner Anzeige miteinander vergleichen.
Auch hier solltest Du je nach Budget mindestens 100 Anzeigen laufen lassen, bevor Du einen Schluss ziehst. Dabei solltest Du nicht nur auf die Klicks achten, die Deine Werbung generiert hat, sondern viel mehr auf die Anmeldungen zu Deiner Liste. Schliesslich zahlst Du hier in der Regel pro Klick, da ist es natürlich sinnvoll, dass sich möglichst viele Leute für den Newsletter anmelden.

Bei Facebook kann man die Landing Page übrigens auch umgehen und mit einem Klick können sich die Leute direkt in Facebook für Deinen Newsletter anmelden, so musst Du nur die Facebook Anzeige optimieren. Allerdings erhältst Du so nur dann neue Abonnenten, wenn Deine Werbung auch geschaltet wird.

Auch Deine Autoresponder Nachrichten kannst Du optimieren. Die meisten Anbieter bieten Dir Möglichkeiten an zwei oder mehrere Nachrichten miteinander zu vergleichen, wobei ich Dir empfehle immer nur 2 Varianten auf einmal zu vergleichen. Auch die Betreffzeile ist sehr wichtig und sollte mehrfach getestet werden. Schliesslich entscheidet diese darüber, ob Deine Abonnenten die Nachricht öffnen oder nicht. Und von einer ungeöffneten Nachricht kann selbst der beste Marketer nichts verdienen.

Übrigens: Innerhalb der ersten 7 Tagen ist die Chance am grössten, dass Deine Abonnenten etwas kaufen werden und die Chance sinkt in der Regel je länger jemand angemeldet ist. Daher Spiel die Reihenfolge Deiner Nachrichten und Deiner Affiliate Angebote eine sehr grosse Rolle. Das funktioniert natürlich nicht immer und Du solltest darauf achten, dass die Reihenfolge deiner Nachrichten immer Sinn ergibt! Wenn Du aber eine Reihe Nachrichten hast, die unabhängig voneinander sind, dann empfiehlt es sich verschiedene Reihenfolgen zu testen. Dabei solltest Du natürlich dann auf die Gesamteinnahmen schauen. So macht es manchmal durchaus mehr Sinn ein besonders gut konvertierendes Angebot erst später zu schicken.

Sämtliche Optimierungen kannst Du natürlich zeitgleich laufen lassen und so jeden Schritt deines Systems parallel zu verbessern.

Die Optimierung ist ein fortlaufender Prozess der nicht zu unterschätzen ist. Selbst ein einziges Wort kann einen riesigen Unterschied machen. Während der Traffic dafür verantwortlich ist wie viele Leute oben in Deinen Trichter kommen, so ist die Optimierung dafür verantwortlich wie viele Leute davon auch zuunterst noch vorhanden sind. Um erfolgreich zu sein braucht es beides, ein gut optimiertes System sowie auch genügend Traffic.

Abschliessende Worte

Ich hoffe, ich konnte Dir einen kleinen Einblick in das E-Mail Marketing geben. Das ganze Thema ist natürlich noch sehr viel umfangreicher, doch nun hast Du einen Überblick darüber wie das ganze funktioniert und kannst anfangen Deine ersten E-Mail Listen aufzubauen.

Denke daran: Wichtig ist es anzufangen. Denn nur so kannst Du überhaupt etwas verdienen. Du musst nicht von Anfang an alles verstehen und richtig machen. Selbst die Profis setzen erstmal etwas auf und optimieren dieses nach und nach zu einem System das funktioniert und komplett automatisch läuft.

Das schöne am E-Mail Marketing ist, dass Du, sobald Dein System einmal aufgesetzt ist, passiv Geld verdienst ohne dabei viel dafür machen zu müssen. So hast Du Zeit Dich um andere Dinge zu kümmern. Sei dies nun um an einem Blog oder einer Webseite zu arbeiten, die Deinen Newsletter mit neuen Abonnenten zu füttern oder aber sich einfach zurückzulehnen und zu entspannen.

Natürlich kannst Du beliebig viele Autoresponder erstellen und in den unterschiedlichsten Nischen tätig sein. Wie viel Du dabei verdienst, hängt einzig und allein von
Deinem Fleiss ab.

Nun möchte ich dich nicht länger aufhalten.
Los geht's!

Viel Erfolg!
Dein *Phil Schartner ;-)*

*Als kleines Extra hier das 1. und 2. Kapitel aus meinem 2. Buch "Affiliate Marketing", welches ebenfalls auf Amazon erhältlich ist.
Viel Spass beim Reinschnuppern.*

Was ist Affiliate Marketing?

Affiliate Marketing ist einer der besten Arten Online Geld zu verdienen. Während andere Methoden kommen und gehen, wird Affiliate Marketing voraussichtlich mit dem Handel von Waren und Dienstleistungen über das Internet stetig wachsen.
Wer gutes Affiliate Marketing betreibt kann damit eine ganze Menge Geld verdienen. Und das Beste: Es ist super einfach und günstig mit Affiliate Marketing anzufangen.

Doch was ist Affiliate Marketing eigentlich? Ganz einfach: Man bewirbt ein Produkt mit Hilfe eines speziellen Affiliate-Links. Für jeden abgeschlossenen Kauf erhält man eine Kommission. Das Produkt kann dabei eine Dienstleistung, ein digitales oder ein physisches Produkt sein.

Das Beste daran: Man muss weder sein eigenes Produkt entwickeln, noch muss man sich ein grosses Warenlager anschaffen. Alles, was man braucht um mit Affiliate Marketing anzufangen ist ein Affiliate Link. Diesen bekommt man, indem man sich kostenlos bei einem der unzähligen Affiliate Programmen anmeldet und schon kann man anfangen Geld zu verdienen, ohne selbst auch nur einen Cent dafür auszugeben.

Affiliate Marketing ist auch für den Verkäufer sinnvoll, denn so findet er Partner die sein Produkt für ihn verkaufen, ohne dass der Verkäufer dafür weiteres Geld investieren muss. Erst nachdem ein neuer Kunde etwas gekauft hat, bezahlt er den Affiliate mit einem gewissen Prozentsatz des Kaufs. Eine Win-Win Situation für Verkäufer und Affiliate Marketer, denn der Verkäufer spart sich somit das Risiko und viel Geld für Werbung und der Affiliate wird beim Gewinn beteiligt.

Wieviel verdient man als Affiliate Marketer?

Eine allgemeine Antwort auf diese Frage kann man also nur schlecht geben, da es von sehr vielen Faktoren abhängig ist. Ist das Produkt gut? Ist die Verkaufsseite ansprechend und professionell gestaltet? Passt das Produkt zum ausgewählten Zielpublikum?

Die besten Affiliate Marketer weltweit verdienen jährlich bis zu achtstellige Beträge. Je nachdem wie viel Aufwand man dabei betreibt und wie gut man ist, ist es durchaus möglich mehrere tausend Euro pro Monat mit Affiliate Marketing zu verdienen. Mit etwas Geschick und dem nötigen Wissen ist dies sogar in nur ein paar Stunden pro Woche zu schaffen.

Die Kommissionen die man erhält variieren von 1 % bis hin zu 100 % des Kaufpreises. Normalerweise erhält man für digitale Produkte, wie Online Kurse und digitale Bücher mehr Kommission als für physische Produkte. Dies liegt daran, dass ein einzelnes digitales Produkt keine Kosten mit sich bringt, so dass der Verkäufer grosszügiger mit den Kommissionen sein kann.

100 % Kommission erhält man meist nur für ein "Einstiegs-Produkt", welches dazu da ist neue Kunden zu gewinnen.

Wenn Dir dieser kurze Auszug gefallen hat, dann kannst Du das Buch auf Amazon kaufen.

Du kannst es Dir auch einfach direkt bei mir holen. Schick mir dazu einfach eine Email an: office@mein-webbusiness.com

Rechtliche Hinweise

Das hier vorliegende e-Book dient nur der allgemeinen Information und stellt keinen professionellen Rat dar. Die Inhalte basieren auf den Ansichten und Meinungen des Autors und allen, die an diesem Buch mitgewirkt haben.

Seitens des Autors und aller beteiligten Personen wurde jede Anstrengung unternommen, um korrekte und aktuelle Informationen in diesem Dokument bereitzustellen. Bitte bedenken Sie, dass die Technologien sehr schnell voranschreiten und sich ändern. Daher behalten sich der Autor und die beteiligten Personen das Recht vor, die hier angebotenen Inhalte und Informationen zu aktualisieren, sofern diese Änderungen notwendig werden. Weder der Autor noch die an diesem Werk Beteiligten tragen irgendeine Verantwortung für Fehler oder Weglassungen, sollten solche Diskrepanzen in diesem Dokument auftauchen.

Der Autor und alle anderen Beteiligten sind

weder finanziell, rechtlich oder auf eine andere Weise verantwortlich zu machen für irgendwelche Folgen, die sich durch die Anwendung des angebotenen Materials ergeben.
Es liegt in der Verantwortung des Lesers, sich vor Umsetzung des Materials aus diesem Buch professionellen Rat einzuholen.

Die Erfolge des Lesers basieren auf seinen Fähigkeiten und der individuellen Wahrnehmung der Buchinhalte. Daher können keinerlei Garantien abgegeben werden, weder in finanzieller Weise noch auf andere Art. Garantien werden in keinerlei Form gewährt.

Impressum

© Autor Phil Schartner 2018
1. Auflage
Alle Rechte vorbehalten.
Nachdruck, auch auszugsweise, verboten.
Kein Teil dieses Werkes darf ohne schriftlich Genehmigung des Autors in irgendeiner Form reproduziert, vervielfältigt oder verbreitet werden.
Kontakt: Philipp Schartner, Zaglausiedlung 24,
5600 St. Johann im Pongau
Covergestaltung: Phil Schartner
Coverfoto: fiverr.com

www.ingramcontent.com/pod-product-compliance
Lightning Source LLC
Chambersburg PA
CBHW031551210526
45464CB00003B/1260